# Peppa
# Cherche et trouve

hachette
JEUNESSE

# Partie de cache-cache

Peppa et ses amis jouent à cache-cache.
Peppa est très forte !
– C'est à mon tour de me cacher ! déclare Suzy Sheep.
– Moi aussi, ajoute Danny Dog, mais
c'est l'heure de partir !
– Jouons cet après-midi, propose Peppa.
Vous vous cacherez et moi, je vous chercherai.
Mais tout le monde doit sortir aujourd'hui !

Peux-tu trouver :   5 dessins   1 diable à ressort

# Dans le jardin

Peppa prévient Papa Pig que ses amis ne se cachent pas tous au même endroit.
— Veux-tu que je t'aide à les trouver ? demande Papa Pig.
— Quelle bonne idée ! approuve Maman Pig. Commencez par chercher George : il se cache dans le jardin.
Peux-tu aider Peppa et Papa Pig à trouver George ?

*Prêt ou pas, j'arrive !*

Peux-tu trouver :

 George

 1 mangeoire à oiseaux

 2 abeilles

3 papillons  4 roses orange  5 pommes rouges

3 ballons de rugby   4 ballons noir et blanc   5 vélos d'entraînement

# À la bibliothèque

Papa Pig rend un livre à la bibliothèque.
— Vous avez gardé ce livre pendant dix ans ! s'écrie Miss Rabbit.
— Désolé, s'excuse Papa Pig. Le monde merveilleux du béton est très intéressant !

Peux-tu trouver : Zoe Zebra    Le livre de Papa Pig    Un ordinateur

# Au musée

Ensuite, Peppa cherche Pedro Pony dans une pièce du musée que George adore : la salle des dinosaures !
Celle que préfère Papa Pig est le café du musée.
— On peut peut-être y aller après, propose Papa Pig. Ho ! Ho !

Peux-tu trouver :

Pedro Pony

**1** couronne étincelante

**2** volcans en éruption

# Au supermarché

Au supermarché, Peppa cherche Rebecca Rabbit.
Papa Pig achète les objets de sa liste de courses.
— Est-ce que le gâteau au chocolat est sur la liste, Papa ? demande Peppa.
— Faisons comme s'il y était, répond Papa Pig.
Il a l'air délicieux !

**Peux-tu trouver :**

 Rebecca Rabbit

**1** très grosse pastèque

**2** sacs de courses verts

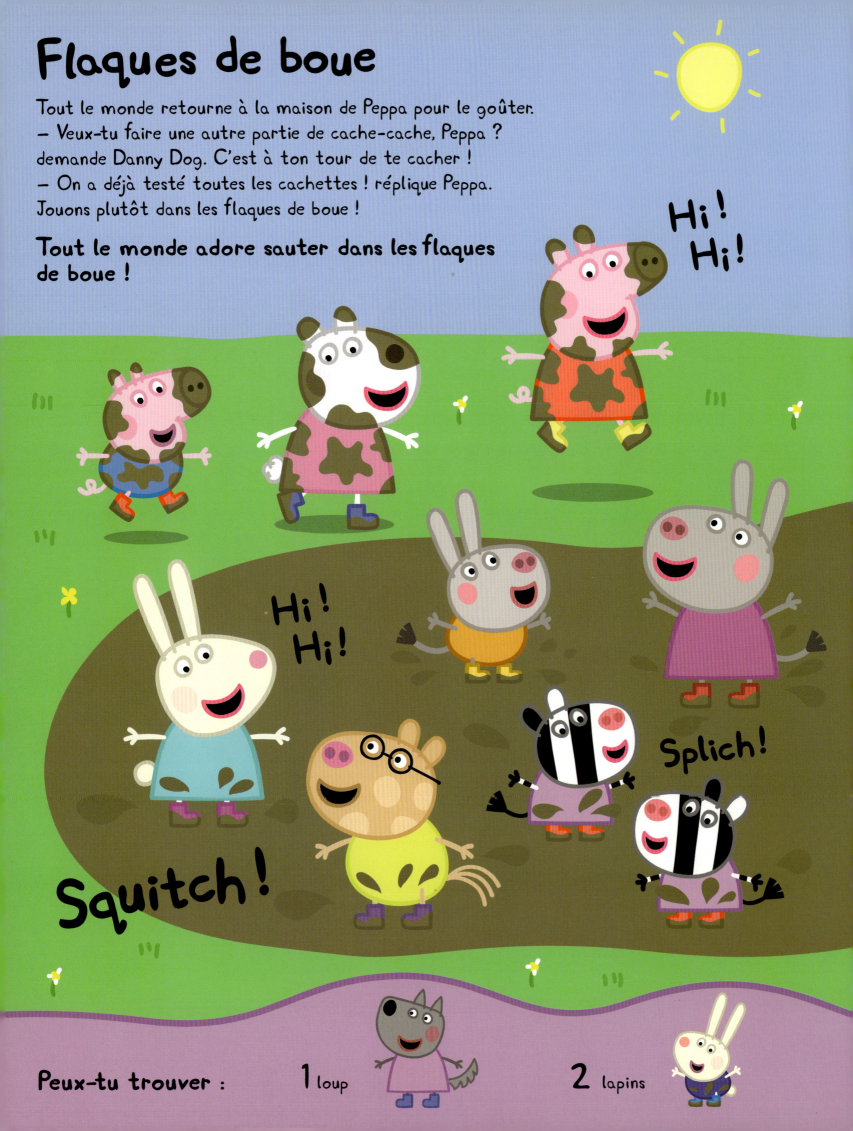

# Ça continue !

Voilà d'autres choses à trouver dans les images. Coche chaque case dès que tu en repères une !

Partie de cache-cache

Dans le jardin

Au terrain de jeu

À la salle de sport

À la bibliothèque

Au musée

Au supermarché

À la caserne de pompiers

Flaques de boue

Il y a 9 grenouilles cachées à travers le livre, peux-tu toutes les trouver ?